Natascha Wagner

Rauhnächte und ihr Zauber
Begleitbuch durch die 12 magischen Nächte

Rauhnächte und ihr Zauber

Natascha Wagner

Bibliografische Information der Deutschen Nationalbibliothek:
Die Deutsche Nationalbibliothek verzeichnet diese
Publikation in der Deutschen Nationalbibliografie;
detaillierte bibliografische Daten sind im Internet
über http://dnb.dnb.de abrufbar.

© 2023 Natascha Wagner
Natascha Wagner
Hauptstraße 62
74869 Schwarzach
Lektorat: Natascha Wagner
Korrektorat: Natascha Wagner
Text und Bilder: Natascha Wagner
Hinweis: Die Informationen in diesem Büchlein wurden von
der Autorin sorgfältig geprüft.
Es kann jedoch keine Garantie übernommen werden. Eine
Haftung wird nicht übernommen.
Alle Rechte vorbehalten.
Herstellung und Verlag:
BoD – Books on Demand, Norderstedt

ISBN: 978-3-7583-1298-4

Inhaltsverzeichnis

I

Spirit Art
www.wagner-natascha.de

Die Rauhnächte

Die Rauhnächte sind die 12 heiligen Nächte zwischen den Jahren.
In manchen Traditionen beginnen diese bereits am 21. Dezember, zur Wintersonnenwende.
In anderen wiederum in der Nacht vom 24.12. auf den 25.Dezember, zur Zeit der Wiedergeburt des Lichts.
Ich persönlich beginne die Rauhnächte am 24. Dezember.
Diese besonderen Nächte und der dazugehörige Tag stehen für die nächsten 12 Monate, das heißt jede Rauhnacht steht für einen Monat.
Die erste Rauhnacht steht für den Monat Januar, die zweite Rauhnacht für Februar, die dritte Rauhnacht für den Monat März, ...
Alles, was dir in dieser Rauhnacht und dem dazugehörigen Tag widerfährt, heißt es nach alter Überlieferung, können Impulse und Hinweise für den entsprechenden Monat im kommenden Jahr sein.
So erhalten wir Einblicke ins folgende Jahr. Es bietet uns in dieser Zeit die Möglichkeit uns von Altem zu verabschieden und uns für Neues zu öffnen.
Wir können ganz bewusst das neue Jahr beginnen und den Samen für neue Vorhaben und Ziele setzen.

In diesem Büchlein erfährst du das Wesentliche über die Rauhnächte, wie man diese gestalten und diese Zeit optimal für sich nutzen kann.

Themen sind

- Bedeutungen und Vorbereitung auf die magischen Nächte.

- Welche Energien sind mit welchem Tag verbunden?

- Rituale

- Meditationen

- und ein Tagebüchlein, welches du dir selbst gestalten kannst

Ich wünsche dir eine magische Zeit,
Natascha

Eine besondere Zeit

Die Rauhnächte die Zeit zwischen den Jahren, wenn das Mondjahr zu Ende geht, hat das Sonnenjahr noch 12 Tage beziehungsweise 12 Nächte, bevor das neue Jahr beginnt.
Es ist ein Übergang vom Sterben ins neu geboren werden, im Kreislauf der Natur. Es sind die Nächte außerhalb der Zeit, eine ganz besondere Zeit. Der Schleier in die Anderswelt, die feinstofflichen Ebenen öffnen sich und die Nornen, die Schicksalsgöttinnen von Frau Holle, die Schicksalsweberinnen, weben in diesen Tagen die Fäden für das kommende Jahr.
In diesen mystischen Nächten bist du dazu eingeladen selbst an deinem Schicksal zu weben. Dieses Büchlein kann dich hierbei unterstützen.
Tauche ein in diese magische Zeit und mache diese zu was ganz Besonderem.
Jeder Nacht und dem dazugehörigen Tag in den Rauhnächten ist einem anderen Lebensthema zugeordnet.

Nimm dir Zeit für dich, zieh dich zurück und schau nach Innen. Beobachte deine Außenwelt und dich.
Ein besonderes Ritual in den Rauhnächten ist das Räuchern. Hier habe ich dir für jeden Tag ein Beispiel für eine Räuchermischung zusammengestellt.
Zusätzlich habe ich als Unterstützung einen passenden Stein ausgesucht.

Diese dürfen dich dabei begleiten deine Gedanken zu fokussieren und dir dabei helfen, eine gewisse Struktur und Basis für deine Wünsche fürs folgende Jahr zu schaffen. Du kannst die Rituale für dich so gestalten wie sie für dich stimmig sind.

Natascha Wagner

Rauhnachtsmelodie

Wir weben und weben in allen Leben
eine Vielfalt von seidenen Fäden.

Der gesponnene Faden nimmt seinen Lauf.
Ob wir ihn drehen, wenden oder färben,
ob langsam oder schnell, rot oder blau.

Ist er einmal aufgespannt, müssen wir vollenden
aus eigner Hand.

So lässt sich das Büchlein verwenden

In dem Büchlein findest du die Rauhnacht mit dem dazugehörigen Thema.
Jede Rauhnacht ist hier in zwei Teile aufgeteilt.
Der eine Teil besteht aus dem Thema, Fragen, Impulse, Affirmation, der passenden Räucherung und dem passenden Stein.
Es soll eine Anregung für dich sein, wie man das jeweilige Tagesthema betrachten kann. Achte auf Zeichen, Gedanken, Ideen und Impulse. Schau auf deine Träume und was dir begegnet. All dies kann von Bedeutung sein.
Der zweite Teil der jeweiligen Rauhnacht ist in Form eines Rauhnacht-Tagebuchs gestaltet. Hier kannst du deine Geschehnisse im Laufe des Tages eintragen. Versuche so viel aufzuschreiben als möglich. Es ist immer sehr spannend sich dies im Laufe des nächsten Jahres noch einmal anzusehen und in Erinnerung zu rufen, so lässt sich oft ein roter Faden erkennen.

Kurze Zusammenfassung über die einzelnen Themen zur Verwendung

Rauhnacht und Tag
Alles, was dir in dieser Rauhnacht und dem dazugehörigen Tag widerfährt, können Impulse und Hinweise für den entsprechenden Monat im nächsten Jahr sein.

Dinge, über die ich mich gefreut habe und Wunder
Ereignisse:
Vielleicht ruft dich unverhofft jemand an oder du bekommst etwas geschenkt, jemand bereitet dir eine Freude.
Dies alles sind kleine Wunder, sei einfach offen und freue dich darüber.

Inspirationen, Impulse und aha Momente
Schreibe Impulse und Inspirationen auf, wenn du auch meinst, sie seien noch so unbedeutend.

Ideen, Gedanken

Wo liegt mein Focus?
Wohin lenken mich meine Gedanken?

Herausforderungen, die mich begleitet haben und begleiten

Welche Dinge haben mich herausgefordert und fordern mich immer noch heraus?
Unangenehme Situationen.
Was hat mich aus der Bahn geworfen? Was habe ich daraus gelernt?
Wie könnte ich es aus einer Vogelperspektive betrachten?
Wie zeigen sich aus bestimmten Situationen meine Stärken?

Was hab ich geträumt?

Schreibe deine Träume auf. Oft bestehen sie aus Verarbeitungen des Tages. Sie können aber auch sehr hilfreich sein und uns auf etwas hinweisen.

Wünsche und Visionen

Was wünsche ich mir?
Wovon träume ich schon lange?
Was erhoffe ich mir?
Was sind meine Ziele?
Was möchte ich verwirklichen oder was möchte ich erreichen?

Welche Samen säe ich?

Was säe ich aus und möchte ich ernten?

1. Rauhnacht

24. bis 25. Dezember / Tag: 25.Dezember

Diese Rauhnacht steht für den Monat Januar

Themen

Wurzeln; Basis; Kraft; Stabilität und Rückschau

Fragen die ich mir heute stellen kann

- Wo komme ich her? Welchen Ursprung habe ich?
- Wie ist mein Fundament? Wie sind meine Wurzeln, die mich halten?
- Wie verwurzelt bin ich mit meiner Familie? Vorfahren?
- Welchen Rückhalt erfahre ich durch meine Familie, Vorfahren und welchen gebe ich?
- Sollte etwas geklärt werden?
- Braucht etwas in meinem Leben Heilung? Was kann ich hierfür tun? Möchte ich etwas ändern?

Tagesimpulse

Unsere Vorfahren sind unsere Wurzeln und stärken uns. Hier werden jedoch auch Verletzungen von Generation zu Generation weitergegeben. Schicken wir hier Mitgefühl und Liebe, hat dies Auswirkungen auf die nächsten Generationen und somit kann Heilung geschehen.

Diese Rauhnacht unterstützt dich dabei Rückschau zu halten und ganz zu deinen Wurzeln zu gelangen. Sie hilft dir dein Fundament zu stärken und dich zu erden.

Sei dankbar für deine Wurzeln und zünde eine Kerze für deine Ahnen an.

Affirmation

Ich fühle mich stark, kraftvoll in meiner Mitte mit Hilfe meiner Ahnen und Mutter Erde.

Ich stehe mit beiden Beinen fest auf der Erde und bewege mich vertrauensvoll im Fluß des Lebens.

Räucherung

Weihrauch, Eichenrinde; Drachenblut, Beifuß, Myrrhe

Diese Räucherung sorgt für Erdung und Stabilität.

Heilstein
Roter Jaspis
Dieser Stein kann dich dabei unterstützen in deine Mitte zu
gelangen und ganz bei dir anzukommen.
Er stärkt deine Wurzeln und gibt dir die nötige Kraft.

Tagebuch
1.Rauhnacht- Monat Januar

- Kleine und große Ereignisse

- Geschenke, die ich bekommen habe

- Über was habe ich mich gefreut

- Welche Herausforderungen sind mir begegnet

- Gedanken, Ideen und Erkenntnisse

- Was habe ich geträumt

- Welche Samen säe ich heute

2. Rauhnacht

25. bis 26. Dezember / Tag 26. Dezember
Diese Rauhnacht steht für den Monat Februar

Themen
Los- und ziehen lassen, was ich nicht mehr benötige; Zeit der Klärung und Reinigung; Dankbarkeit an Mutter Erde (Natur und Tierwelt).

Fragen die ich mir heute stellen kann
- Was brauche ich nicht mehr in meinem Leben?
- Was oder Wen möchte ich aus meinem Leben verabschieden?
- Wo kann ich etwas bereinigen, klären oder aufräumen?
- Wie nehme ich Natur- und Tierwelt war?

Tagesimpuls
Betrachte die Außenwelt (Menschen, Tiere, Natur) als Spiegel deines Inneren.
Vielleicht möchtest du in deinem Umfeld etwas bereinigen, so kannst du dir Raum und Platz in deinem Inneren schaffen. Somit darf Frieden bei dir einziehen.

Affirmation
Ich lasse dankbar Altes, was ich nicht mehr benötige, dankbar los und öffne mich voller Vorfreude für Neues.

Räucherung:
Weihrauch, Styrax; Salbei, Galgant, Beifuß
Diese Räuchermischung kann dich dabei unterstützen, all das zu verabschieden, was du nicht mehr benötigst, bzw. in deinem Leben nicht mehr haben möchtest.

Heilstein
Bergkristall
Ein Bergkristall kann dich hierbei unterstützen, indem er dir Klarheit für einen neuen Weg schenkt.

Tagebuch
2.Rauhnacht-Monat Februar

- Kleine und große Ereignisse

- Geschenke, die ich bekommen habe

- Über was habe ich mich gefreut

- Welche Herausforderungen sind mir begegnet

- Gedanken, Ideen und Erkenntnisse

- Was habe ich geträumt

- Welche Samen säe ich heute

3. Rauhnacht

26. bis 27. Dezember / Tag 27. Dezember
Diese Rauhnacht steht für den Monat März

Themen
Wünsche, Visionen, Ziele

Fragen die ich mir heute stellen kann:
- Was wollte ich schon immer erreichen?
- Welche Wünsche dürfen sich erfüllen?
- Welche haben sich schon erfüllt?
- Wie würde ich mir meine Zukunft vorstellen?Wie fühle ich mich dabei?
- Was möchte ich aus vollem Herzen?
- Was brauche ich, um glücklich zu sein? Welche Geschichte verbirgt sich dahinter? Was ist der Grund?

Tagesimpulse:
Diese Rauhnacht unterstützt dich dabei, dir deine Wünsche und Visionen genauer anzusehen. So kristallisiert sich heraus, was du von Herzen erreichen möchtest.

Affirmation
Ich öffne mich für kleine und große Wunder, freue mich auf positive Veränderungen und bin dankbar.
Ich bin voller Gesundheit und glücklich.

Räucherung
Weihrauch, Sal, Palo Santo, Rosenblüten, Ringelblumenblüten, Tonkabohne, Bernstein

Heilstein
Bernstein
Ein Bernstein kann hier unterstützend wirken. Er gibt dir Herzenswärme, Vertrauen, ist voller Weisheit, steht für deine Gefühlswelt und zeigt dir neue Wege.

Tagebuch
3.Rauhnacht-Monat März

- Kleine und große Ereignisse

- Geschenke, die ich bekommen habe

- Über was habe ich mich gefreut

- Welche Herausforderungen sind mir begegnet

- Gedanken, Ideen und Erkenntnisse

- Was habe ich geträumt

- Welche Samen säe ich heute

4. Rauhnacht

27. Bis 28. Dezember / Tag: 28.Dezember
Diese Rauhnacht steht für den Monat April

Themen
Innere Einkehr und bei sich ankommen, Potentiale, Intuition, Wahrnehmung

Fragen die ich mir heute stellen kann
- Wo liegen meine Stärken? Wie möchte ich diese für das kommende Jahr einsetzen und weiter ausbilden?
- Was möchte ich ändern?
- Welche Ideen kamen mir heute in den Sinn?
- Was bereitet mir Freude?
- Was ist eine Herausforderung für mich? Schau sie dir genau an, oft verbergen sich hier die größten Schätze.
- Integriere ich mein Bauchgefühl?

Tagesimpuls
Beobachte wer und was dir heute auf deinem Weg begegnet. Achte auf deine Bedürfnisse und nimm dich wichtig. Folge deiner Intuition, deinem Gefühl, so kommst du dir immer ein Stück näher. Beobachte dich hierbei genau.

Affirmation
Ich vertraue meiner Intuition und öffne mich für Neues.

Räucherung
Weihrauch, Eisenkraut; Mastix, Sal, Sternanis
Die Räuchermischung unterstützt dich, ganz bei dir anzukommen

Heilstein
Mondstein
Er fördert deine Intuition, Visionen, hilft dir bei dir anzukommen und unterstützt dich auf deine Bedürfnisse und Träume zu achten.

Tagebuch
4.Rauhnacht-Monat April

- Kleine und große Ereignisse

- Geschenke, die ich bekommen habe

- Über was habe ich mich gefreut

- Welche Herausforderungen sind mir begegnet

- Gedanken, Ideen und Erkenntnisse

- Was habe ich geträumt

- Welche Samen säe ich heute

5. Rauhnacht

28. bis 29. Dezember Tag 29. Dezember
Diese Rauhnacht steht für den Monat Mai

Themen
Unterstützung; behütet sein; Annehmen; Freundschaft, Herzöffnung und Herzenswärme

Fragen die ich mir stellen kann
- Erfahre ich Unterstützung und von wem? Unterstütze ich?
- Wann und wo fühle ich mich geborgen?
- Kann ich Unterstützung annehmen und kann ich um Unterstützung bitten?
- Was lässt mein Herz erwärmen?

Tagesimpulse
Manchmal kommt Hilfe unverhofft von außen, wenn wir gar nicht damit rechnen.
Wir helfen gerne, aber es fällt uns manchmal schwer Hilfe anzunehmen. Stell dir einfach vor, du würdest gerne für jemanden da sein und dieser lehnt deine Hilfe ab. Wie fühlst du dich dabei? Helfen und Geben bereitet beides Freude.

Affirmation
Gerne nehme ich Hilfe an und bin dankbar dafür.
Ich bekomme Unterstützung zum richtigen Zeitpunkt am richtigen Ort.

Räucherung
Weihrauch, Myrrhe; Bernstein, Styrax, Rosenblüten
Weihrauch unterstützt in jeder Hinsicht. Myrrhe wirkt harmonisch und ausgleichend. Bernstein sorgt für Wärme und Geborgenheit. Styrax und Rosenblüten lässt das Herz liebevoll öffnen.

Heilstein
Rosenquarz
Er wirkt sanft aber dennoch bestimmend und verdeutlicht die eigenen Bedürfnisse, gibt Kraft und schenkt Geborgenheit.

Tagebuch
5.Rauhnacht-Monat Mai

- Kleine und große Ereignisse

- Geschenke, die ich bekommen habe

- Über was habe ich mich gefreut

- Welche Herausforderungen sind mir begegnet

- Gedanken, Ideen und Erkenntnisse

- Was habe ich geträumt

- Welche Samen säe ich heute

6. Rauhnacht

29. bis 30. Dezember Tag 30. Dezember

Diese Rauhnacht steht für den Monat Juni

Themen

Liebe, Beziehungen, Freundschaft

Fragen die ich mir stellen kann

- Wie kann ich Beziehungen pflegen?
- Wie sind meine Beziehungen/Freundschaften in allen Bereichen?
- Sind diese harmonisch?
- Ist es an der Zeit hier etwas zu ändern?

Tagesimpulse

Vielleicht gibt es Beziehungen, die wieder aufgelebt werden wollen. Dann pflege Sie, z.B. in Form von Telefonaten.
Vielleicht gibt es auch Beziehungen, die dich Kraft kosten. Hier kannst du z.B. überprüfen, was du ändern kannst.

Affirmation

Ich bin von Liebe begleitet.

Räucherung

Weihrauch, Kiefernharz, Angelikawurzel, Styrax, Mariengras, Dammar, Sandelholz

Heilstein

Lapis Lazuli
Lapis Lazuli kann hierbei zur Unterstützung beitragen.
Er steht für Freundschaft und Beziehungen.
Er unterstützt Dinge, in welcher Hinsicht auch immer an- und auszusprechen und fordert zu Handeln auf.

Tagebuch
6.Rauhnacht-Monat Juni

- Kleine und große Ereignisse

- Geschenke, die ich bekommen habe

- Über was habe ich mich gefreut

- Welche Herausforderungen sind mir begegnet

- Gedanken, Ideen und Erkenntnisse

- Was habe ich geträumt

- Welche Samen säe ich heute

7. Rauhnacht

30. bis 31. Dezember Tag 31. Dezember
Diese Rauhnacht steht für den Monat Juli

Themen
Das Leben feiern und genießen

Fragen die ich mir stellen kann
- Was bereitet mir Freude?
- Worauf bin ich besonders stolz in meinem Leben?
- Was habe ich erreicht?
- Was ist wertvoll für mich?
- Was macht mich glücklich?
- Wofür bin ich dankbar?

Tagesimpulse
Genieße, feiere und lebe den Moment.
In welchen Momenten bist du glücklich und dankbar?
Wie fühlst du dich dabei?

Affirmation
Heute feiere ich mich und bin dankbar für mein Leben.
Ich genieße aus vollen Zügen und freue mich auf meine Zukunft.

Räucherung
Weihrauch, Palo Santo; Bernstein, Mariengras, Rosenblüte
Die Räucherung sorgt für Leichtigkeit, Genuss und Lebensfreude.

Heilstein
Sonnenstein
Der Sonnenstein begleitet dich heute sehr gerne dabei.
Er steht für die schönen Dinge im Leben und Lebensfreude. Er bringt dir deine Stärken ins Bewusstsein und zeigt dir deine persönlichen Sonnenseiten.

Tagebuch
7.Rauhnacht-Monat Juli

- Kleine und große Ereignisse

- Geschenke, die ich bekommen habe

- Über was habe ich mich gefreut

- Welche Herausforderungen sind mir begegnet

- Gedanken, Ideen und Erkenntnisse

- Was habe ich geträumt

- Welche Samen säe ich heute

8. Rauhnacht

31. Dezember bis 1.Januar- Tag 1.Januar
Diese Rauhnacht steht für den Monat August

Themen
Reichtum, Wohlstand und Fülle

Fragen die ich mir stellen kann
- Habe ich alles, was ich für ein glückliches Leben brauche?
- Habe ich Sorgen und Ängste über meine finanzielle Zukunft?
- Was bedeutet Geld für mich?
- Wie bin ich mit dem Thema Geld groß geworden?
- Stehe ich wohl auf meinen Beinen? Fühle ich mich wohl?
- Schätze ich mich wert?

Tagesimpulse
Wohlstand bedeutet : Ich stehe wohl/ Ich fühle mich wohl....
Ich bin es wert und wertvoll.
Die wertvollsten Dinge, die uns erfüllen sind meistens nicht mit Geld zu kaufen.
Stehe ich wohl auf meinen Beinen, kann die Materie, (finanziellen Mittel) folgen?

Affirmation
Reichtum und Fülle sind in meinem Leben.
Ich habe alles, was ich brauche. Ich bin wertvoll.

Räucherung
Bernstein, Dammar, Orangenblüten, Angelikawurzel, Mariengras
Diese Räucherung sorgt für Wohlgefühl und Geborgenheit.

Heilstein
Pyrit
Ein Pyrit kann dich hierbei begleiten. Er fördert Reichtum und Wohlstand auf allen Ebenen.

Tagebuch
8.Rauhnacht-Monat August

- Kleine und große Ereignisse

- Geschenke, die ich bekommen habe

- Über was habe ich mich gefreut

- Welche Herausforderungen sind mir begegnet

- Gedanken, Ideen und Erkenntnisse

- Was habe ich geträumt

- Welche Samen säe ich heute

9. Rauhnacht

1. bis 2.Januar- Tag 2.Januar
Diese Rauhnacht steht für den Monat September

Themen
Urvertrauen, Vertrauen

Fragen die ich mir heute stellen kann
- Vertraue ich mir selbst?
- Wem vertraue ich?
- Habe ich Vertrauen ins Leben?
- Fühle ich mich geborgen im Leben?
- Was gibt mir Sicherheit und Vertrauen?
- Wie fühlt sich vertrauen für mich an?
- Was brauche ich, um zu vertrauen?

Tagesimpulse
Wir werden mit Urvertrauen geboren, im Leben wird dieses Urvertrauen jedoch manchmal zerrüttet. Dies wieder aufzubauen, erfordert Geduld und Liebe. Finden wir dies wieder zurück, fühlen wir uns sicher und geborgen im Leben.

Affirmation
Ich vertraue mir.
Ich habe vertrauen in das Leben.

Räucherung
Wachholder, Palo Santo, Weihrauch, Drachenblut, Eichenrinde
In dieser Räucherkombination wirkt Wachholder als klärend und beruhigend. Palo Santo (Heiliges Holz) wirkt entspannend, fördert Vertrauen, wandelt schwere Energien in positive um. Weihrauch beruhigt und reinigt unsere Gefühlswelt.Drachenblut verstärkt die ganze Mischung und stärkt unser Selbstvertrauen. Eichenrinde lässt uns mutig voranschreiten, wirkt aufbauend und lässt uns ankommen.

Heilstein
Granat
Dieser gibt uns Kraft, stärkt unser Vertrauen und kräftigt das Wurzelchakra.

Tagebuch
9.Rauhnacht-Monat September

- Kleine und große Ereignisse

- Geschenke, die ich bekommen habe

- Über was habe ich mich gefreut

- Welche Herausforderungen sind mir begegnet

- Gedanken, Ideen und Erkenntnisse

- Was habe ich geträumt

- Welche Samen säe ich heute

10. Rauhnacht

2. bis 3.Januar- Tag 3.Januar
Diese Rauhnacht steht für den Monat Oktober

Themen
Die Liebe zu dir selbst, Verbindung zum Göttlichen,
den eigenen Weg gehen

Fragen die ich mir heute stellen kann
- Werde ich geliebt?
- Von wem werde ich geliebt und warum? Sind irgendwelche Erwartungen damit verbunden?
- Was mag ich an mir? Was stört mich an mir?
- Liebe ich mich selbst?
- Nehme ich mich so an, wie ich bin?
- Nehme ich mir Zeit für mich?
- Gönne ich mir was?

Tagesimpulse
Heute ist der Tag, dich selbst zu lieben.
Gönne dir was Schönes und tu dir was Gutes. Sei es dir wert.

Affirmation
Ich liebe mich, so wie ich bin und werde geliebt.

Räucherung
Benzoe Sumatra, Sandelholz, Rosenblüten, Copal, Styrax, Tonkabohne
Die Räucherung kann dich unterstützen dich selbst zu lieben und anzunehmen.
Es ist ein sanfter, weicher Duft und lässt den Herzraum öffnen.

Heilstein
Amethyst
Ein Amethyst kann dir hierbei behilflich sein.
Er sorgt für Frieden, Ausgeglichenheit und lässt die eigenen Bedürfnisse erkennen.

Tagebuch
10.Rauhnacht-Monat Oktober

- Kleine und große Ereignisse

- Geschenke, die ich bekommen habe

- Über was habe ich mich gefreut

- Welche Herausforderungen sind mir begegnet

- Gedanken, Ideen und Erkenntnisse

- Was habe ich geträumt

- Welche Samen säe ich heute

11. Rauhnacht

3. bis 4.Januar- Tag 4.Januar
Diese Rauhnacht steht für den Monat November

Thema
Lebensweg, Vergänglichkeit

Fragen die ich mir heute stellen kann
- Was habe ich in meinem Leben erlebt?
- Wie habe ich bisher gelebt?
- Was möchte ich gerne tun?
- Liebe ich, was ich mache, oder mache ich etwas, obwohl es mir keine Freude bereitet?
- Welche Situation sollte sich ändern, bzw. verbessern?

Tagesimpulse
Falls ich Dinge mache, die mir keine Freude bereiten, sollte ich einen Weg finden, glücklich dabei zu sein oder mich für etwas Neues öffnen.

Affirmation
Ich liebe, was ich tue.
Ich öffne mich für Neues und folge meiner Intuition.

Räucherung
Sandelholz; Bernstein, Holunderholz, Orangenblüten, Alant, Mariengras, Kiefernharz
Die Räuchermischung kann dich unterstützen deiner Intuition zu folgen und dich für Neues zu öffnen.

Heilstein
Labradorit
Ein Labradorit erleichtert dir den Zugang zu dir Selbst und deinem Lebensweg.
Er hilft dir dabei spielerisch, kreativ und mit Leichtigkeit zu erkennen, was gut für dich ist und danach zu handeln.

Tagebuch
11.Rauhnacht-Monat November

- Kleine und große Ereignisse

- Geschenke, die ich bekommen habe

- Über was habe ich mich gefreut

- Welche Herausforderungen sind mir begegnet

- Gedanken, Ideen und Erkenntnisse

- Was habe ich geträumt

- Welche Samen säe ich heute

12. Rauhnacht

4.bis 5.Januar- Tag 5.Januar
Diese Rauhnacht steht für den Monat Dezember

Thema
Wunder, Bereinigung und Wiedergutmachung

Fragen die ich mir heute stellen kann
- Welches sind Wunder in meinem Leben?
- Bin ich offen, Wunder anzunehmen?
- Sollte ich noch etwas bereinigen oder etwas ausgleichen?
- Es ist die Nacht der Wunder, in dieser Nacht lässt sich vieles bereinigen, um Wunder geschehen zu lassen.

Tagesimpulse
Beobachte die Wunder, die dir heute begegnen. Sei dankbar dafür, umso mehr Wunder ziehst du in dein Leben.

Affirmation
Ich bin dankbar für die kleinen und großen Wunder in meinem Leben

Räucherung
Sandelholz; Bernstein, Lavendel, Orangenblüten, Angelikawurzel, Mariengras, Dammar
Die Räuchermischungen kann dich unterstützen Wunder einzuladen und dich für diese zu öffnen.

Heilstein
Orangenchalcedon
Orangenchalcedon ist dir behilflich auf sanfte Art und Weise Angelegenheiten zu bereinigen und diesen eine positive Wandlung zu geben.

Tagebuch
12.Rauhnacht-Monat Dezember

- Kleine und große Ereignisse

- Geschenke, die ich bekommen habe

- Über was habe ich mich gefreut

- Welche Herausforderungen sind mir begegnet

- Gedanken, Ideen und Erkenntnisse

- Was habe ich geträumt

- Welche Samen säe ich heute

6. Januar-Dreikönigstag

Themen
Ausklang der Rauhnächte-das Tor schließt sich.

Der heilige Dreikönigstag gilt als Abschluss und Neuanfang zu gleich.
Was noch nachzuholen gilt oder vorbereitet sein möchte, sollte jetzt geschehen.
Heute ist der richtige Tag.

Dreikönigs- Räucherung zum Ausklang
Myrrhe, Weihrauch, Bernstein
Diese Räuchermischung sorgt für eine feierliche, harmonische und Segensreiche Atmosphäre.

Beispiele für Rituale in den Rauhnächten

Räuchern
Räuchere in deinem Heim, so schafft alte, verbrauchte Energie, Raum für Neues.
Hier habe ich dir für jeden Tag ein Beispiel für eine Räucherung zusammengestellt.

Runenorakel, Tarot- oder oder Orakel Karten
Ziehe für jedes Thema oder jeder Rauhnacht eine Rune, Tarot- oder Orakelkarte. So bekommst du eine kleine Unterstützung zu den Themen oder eine Vorschau für jeden Monat des kommenden Jahres.

Heilsteinorakel
Man legt 12 verschiedene Steine in eine Box und zieht an jeder Rauhnacht/Tag einenStein für den jeweiligen Monat im Folgejahr.

Liste zum Glücklichsein
Schreibe eine „Glücklichsein" Liste, in der du alles aufschreibst, was dich glücklich macht

Wunschzettel
13 Wünsche für das Jahr
Schreibe zu Beginn der Rauhnächte auf 13 Zettel jeweils einen Wunsch für das kommenden Jahr, falte diese zusammen und lege sie in ein Kästchen.
An jeder Rauhnacht verbindest du dich mit der Geistigen Welt, dem Universum (ganz so, wie es für dich stimmig ist) und ziehst einen Zettel, ohne darauf zu schauen, welcher Wunsch es ist. Danach verbrennst du diesen und übergibst diesen so der Geistigen Welt mit der Bitte um Erfüllung.
Den übergebliebenen 13. Wunsch öffnest du am 6.Januar. Um diesen Wunsch darfst du dich selbst kümmern.

Wunschboard
Gestalte ein Board, dies kann in Form einer Tafel Pinnwand
oder Leinwand sein. Bestücke das Board mit deinen Wünschen, Zielen, Affirmationen, etc..... . Mit all dem, was du im
folgenden Jahr erreichen möchtest. Bringe dies an einem gut
sichtbaren Platz an. Es erinnert dich , deine Ziele nicht aus
den Augen zu verlieren und dient als Unterstützung ,diese zu
erreichen.

Gabenteller
Stelle einen Teller mit Gaben vor dein Fenster oder Türe, um
diese mit der Natur, Naturwesen und Geister zu teilen.
Dies dient als Dank an Mutter Erde und die Geistige Welt.

Befreiung
Befreie dich von belastenden Gefühlen und Gedanken, indem
du an einem Ort, wo du allein bist, laut schreist.

Loslass-Ritual
Schreibe dir auf einen Zettel, was du nicht mehr haben möch-
test oder nicht mehr benötigst. Verbrenne anschließend das
Papier.

Öffne deine Sinne
Mache einen schönen Spaziergang in der Natur und öffne alle
Sinne

Ausmisten
Miste in deinem Haus alles aus, was du nicht mehr benötigst.

Gedanken

Mach dir Gedanken über das, was du im letzten Jahr gelernt hast. Schreibe dies auf.

Meditation

Einkehr nach Innen

Räuchern
Räucheranleitung

Die Kraft der Natur

Pflanzen haben etwas Magisches. Sie sind wahre Zauberer, indem Sie die Kraft der Erde, des Wassers, der Luft und der Sonne in etwas Neues verwandeln.

Die Luft, die wir zum Atmen brauchen, und die Nahrung, die uns das Leben ermöglicht.
Sie könnten alle Tiere und Menschen ernähren.
Jeden Teil einer Pflanze können wir nutzen, um unseren Körper mit Energie zu versorgen.

Unzählige Pflanzen haben positive Eigenschaften auf unser Wohlbefinden.

Blätter, Blüten, Samen, Früchte, Stängel, Wurzeln, Rinde und Harze.

Jedes Lebewesen, ob Tier oder Mensch sind auf die magische Kraft der Pflanzenwelt angewiesen. Zur Ernährung, zur Heilung, und vor Allem für unser Wohlbefinden!

Methoden des Räucherns – die praktische Anwendung

Wie räuchere ich?

Methode 1
Räuchern mit einem Räucherbündel/Smudge Stick

Diese Methode eignet sich besonders für das Räuchern im Freien oder auch zur Hausreinigung, da die Rauchentwicklung besonders hoch ist.
Man braucht:
- Eine mit Sand gefüllte Schale
- Räucherbündel
- Feuerzeug oder Streichhölzer

Der Vorgang:
Das Räucherbündel wird über einer mit Sand befüllten Schale an einem der beiden Enden entzündet;
Sobald das Bündel brennt, wird es ausgeblasen, so dass es nur noch glüht;
Jetzt wird kräftig in die Glut gepustet, damit Rauch entsteht.
Danach wird mit dem Bündel durch Räume gegangen und immer wieder pusten.
Dabei die Schale immer schön zum Auffangen der Asche darunter halten ;-)
Im Anschluss wird das Bündel in der mit Sand befüllten Schale gelöscht und kann für spätere Anwendungen aufbewahrt werden.
Räume gut durchlüften.

Methode 2
Räuchern mit Räucherschale und Kohle

Man braucht:
- Räuchergefäß
- Räucherwerk
- Räucherkohle
- Räuchersand

- Feder
- Feuerzeug
- Kerze und Pinzette, wenn man möchte
- Mörser

Der Vorgang:
Je nach Stimmung – ich persönlich wähle rein intuitiv das Räucherwerk.
Es kann aus Harzen, Hölzer, Wurzeln, Kraut und Blüten bestehen.
Bei der Wahl ist bei mir wichtig, die Mischung mit allen Sinnen wahr zu nehmen.
Sobald man sich für die passende Mischung entschieden hat, hält man die Räucherkohle mit einer Pinzette über eine Kerzenflamme und zündet diese an bis diese richtig durchglüht.
Danach legt man die Kohle auf eine mit Sand befüllte Räucherschale und gibt das Räucherwerk darauf.
Danach Räume gut durchlüften.

Methode 3
Räuchern mit Teelicht und Sieb

Man braucht:
- Räuchergefäß/Aromalampe mit Siebeinsatz
- Teelicht
- Räucherwerk

Das Räuchern mit Teelicht und Sieb ermöglicht einen feinen Duft ohne Rauchentwicklung.
Diese Räuchermethode ist an der Aromatherapie angelehnt.
Hierfür wird die Schale einer Aromalampe durch einen Räuchersieb ersetzt.
Das Teelicht wird entzündet und danach werden die Kräuter auf das Sieb gegeben.

Methode 4
Räuchern mit Teelicht und Kupferpfanne/ Räucherplatte oder Weihrauchbrenner
Man braucht:

- Räuchergefäß/Aromalampe mit einer Räucherplatte, eine Kupferpfanne oder ein Weihrauchbrenner
- Teelicht
- Räucherwerk

Manche Harze wie z.b. Mastix verflüssigen sich bei Hitze und können durch das Räuchersieb tropfen.
Räucherplatten oder eine kleine Kupferpfanne lassen sich genau wie Siebe auf ein Gefäß setzen. So kann man mit einem entzündeten Teelicht sauber und leicht alle Räucherungen verräuchern.
Besonders für Harze geeignet.

Räucherritual

Beispiel für ein Räucherritual
Richte dir hierfür einen für dich angenehmen Platz in deinem Zuhause ein, einen Platz, an dem du dich wohl fühlst. Du kannst diesen Ort dekorieren ganz, wie du möchtest. Nimm eine Räucherschale und stelle diese auf eine feste Unterlage, wenn du möchtest, kannst du eine Kerze dazu aufstellen. Vielleicht findest du auch Dinge aus der Natur, die du mit einbeziehen möchtest. Dies können z.b. Steine, Baumrinde oder ähnliches sein.
Ganz so wie es dir gefällt.
Sorge dafür, dass du ungestört bist.
Schalte wenn möglich Telefon, Klingel etc... aus.
Komme ganz bei dir an und stimme dich langsam auf das Ritual ein, indem du tief ein- und ausatmest. Stelle deine Füße fest auf den Boden und verbinde dich mit Mutter Erde. Du kannst dir vorstellen, als ob aus deinen Fußsohlen goldene Wurzeln bis tief in Mutter Erde wachsen und sich dort, tief im Innern fest verankern. Alles, was dich bisher beschäftigt hast schickst du in Gedanken durch deine Wurzeln zu Mutter Erde hinein. Sei ganz bei dir. Lass dir Zeit.
Konzentriere dich nun auf die Mitte deines Herzens und atme dabei tief ein und aus. Stelle dir vor, wie sich dein Herzraum ausdehnt und mit jedem Atemzug immer weiter und größer wird. Sollten deine Gedanken

abschweifen konzentriere dich erneut auf deine Atmung, denn dein Atem ist dein Anker. Lasse dir Zeit.

Zünde nun deine Kerze an und lege deine Räuchermischung bereit.

Zünde die Räucherkohle an. Während die Kohle gut durchglüht, kannst du deine geistigen Helfer, dein geistiges Team oder Engel, ganz wie du möchtest und wie es für dich stimmig ist dazu einladen, dich zu unterstützen und zu begleiten.

Komme wieder ganz bei dir an.

Welche Gedanken beschäftigen dich momentan? Lasse die Dinge , welche nicht mehr nützlich für dich sind und die du auch nicht mehr haben möchtest durch deine goldenen Wurzeln in die Erde strömen.

Lass dir Zeit

Konzentriere dich nun auf die Dinge, die Du in Zukunft haben möchtest.

Atme tief ein und aus und stelle dir erneut vor, wie sich dein Herz ausdehnt und die Energie deines Herzens immer grösser und grösser wird, immer weiter und weiter mit jedem Atemzug. Hierbei kannst du gerne deine Wünsche laut aussprechen.

Du kannst dies aber auch genauso im Stillen tun, ganz wie es für dich stimmig ist.

Lege hierbei das Räucherwerk auf die Kohle. Lass deine Worte oder Gedanken mit dem Rauch in die Lüfte schweben und stell dir nun vor, wie dein Wunsch sich verwirklicht und Gestalt annimmt. Vielleicht bekommst du neue Ideen die impulsartig in deine Gedanken kommen oder vielleicht fangen sie erst an zu wachsen und es kommt alles zu einem späteren Zeitpunkt zu dir. Sei dir bewusst, dass alles zur richtigen Zeit eintrifft.

Schau zu und spüre langsam, wie sich die neue Energie in deinem Haus oder in deinem Heim ausbreitet. Trag die Räucherschale von Raum zu Raum, so verteilst du den Rauch mit deinen Wünschen in den ganzen Räumen. Wenn du das Gefühl hast, dass es genug ist, dann beende das Ritual mit Dankbarkeit.

Bedanke dich bei deinen geistigen Helfern und das alles zum Wohle aller Beteiligten geschieht.

Lüfte kurz stoßartig die Räume. Es bleibt ein sanfter zarter Duft im Raum zurück, dies auch beabsichtigt ist. Dieser Duft wirkt wie ein Anker und erinnert dich an deine Wünsche und Ziele.

Wirkung einzelner Räucherstoffe in Stichworten

Alant
Innere Freude

Angelikawurzel
Verbindung zu Engeln

Beifuß
Schutz
Benzoe Sumatra
Kreativität

Bernstein
Altes Wissen, Wärme

Copal
Kraft

Dammar
Licht

Drachenblut
Erdung

Eichenrinde
Kraft, Energie

Eisenkraut
Wahrnehmung, Geistige Führung

Galgant
Konzentration, geistige Klarheit

Holunderholz
Wahrnehmung

Kiefernharz
Freude

Lavendel
Ausgeglichenheit, Entspannung

Mariengras
Sanftheit

Mastix
Geistige Klarheit

Myrrhe
Entspannung

Orangenblüten
Klärung

Palo Santo
Entspannung, Meditation

Ringelblumenblüten
Freude

Rosenblüten
Sinnlichkeit

Sal
Wahrnehmung, Reise in andere Sphären

Salbei
Reinigung

Sandelholz
Entspannung

Sternanis
Sensibilität

Styrax
Herzöffnung, Liebe

Tonkabohne
Glück, Liebe

Wachholder
Schutz, Reinigung

Weihrauch
Klärung, Reinigung

Ysop
Weisheit

Anmerkung
Die Verwendung von Räucherungen ersetzen keinen Besuch
beim Arzt, Heilpraktiker oder Psychotherapeuten

Steine

Wie verwende ich den Stein?
Die empfohlenen Steine können dich, während den Rauhnächten unterstützen und begleiten.
Du kannst Sie einfach als Anhänger, Armband als Hand-
schmeichler oder in der Hosentasche tragen.
Gerne kannst du dich mit den Steinen verbinden und eine
kleine Meditation machen.

Beispiel für eine Meditation mit einem Stein
Suche dir ein ruhiges, gemütliches Plätzchen und setz dich be-
quem hin.
Nimm dir ein Stein deiner Wahl und behalte diesen in deinen
Händen.
Schließe die Augen, nimm ein paar tiefe Atemzüge und komm
ganz bei dir an.
Stell dir nun vor, du dehnst dich immer mehr und mehr, im-
mer weiter und weiter aus.
Mit jedem Atemzug wirst du immer größer und größer.

Du dehnst dich immer weiter und weiter aus und wirst ganz eins mit dem Stein.

Wie fühlt er sich an?

Ist er rau oder glatt?

Frag in Gedanken den Stein, welche Eigenschaften dieser hat und wo er herkommt.

Vielleicht bekommst du Bilder und Impulse.

Frag den Stein, wie er dich momentan unterstützen kann.

Lass alles auf dich wirken.

Nimm dir Zeit.

Wenn du das Gefühl hast es ist an der Zeit die Meditation zu beenden, dann bedanke dich und öffne langsam die Augen.

Kurze Informationen in Stichworten über die Wirkungsweise der einzelnen Steine

Amethyst
Frieden

Bergkristall
Klarheit, Grenzen überwinden

Bernstein
Herzenswärme

Granat
Kraft, Vertrauen, Urvertrauen

Labradorit
Kreativität, Leichtigkeit

Lapis Lazuli
Handlung, Eigene Bedürfnisse wahrnehmen

Mondstein
Intuition

Orangenchalcedon
Sanftheit, Freude, Ausgleich

Pyrit
Innerer und äußerer Reichtum

Rosenquarz
Geborgenheit, Selbstbestimmung

Roter Jaspis
Bodenständigkeit, Erdung

Sonnenstein
Lebensfreude

Anmerkung
Steinheilkunde stellt keine Therapie im medizinischen Sinne dar.
Die Verwendung von Edelsteinen und Mineralien ersetzen keinen Besuch beim Arzt, Heilpraktiker oder Psychotherapeuten.

Weitere Beispiele für Meditationen

Beispiel für eine Meditation zum Erreichen deiner Ziele

Mache es dir gemütlich und setze dich bequem hin.
Sorge dafür, dass du ungestört bist.
Schalte wenn möglich Telefon, Klingel etc... aus.

Komme ganz bei dir an, indem du tief ein- und ausatmest.
Konzentriere dich ganz auf deine Atmung.
Stelle deine Füße fest auf dem Boden.
Konzentriere dich weiter auf deine Atmung.
Sei ganz bei dir. Lass dir Zeit.

Mit jedem Atemzug entspannst du dich immer mehr und
mehr.

Konzentriere dich auf ein Ziel, welches du im nächsten Jahr
erreichen möchtest.
Schau es dir genau an und halte den Gedanken/das Ziel klar
vor Augen.

Mit jedem Atemzug wird dieses Ziel klarer und klarer, deutlicher und deutlicher.

Fühle in dich hinein. Wie fühlt es sich an?

Bitte nun die geistige Welt/ Schutzengel/ Krafttier (so wie es
für dich stimmig ist) ganz nah an dich heranzutreten. Immer
näher und näher.
Bitte Sie darum, dich beim Erreichen deines Zieles zu unterstützen.
Bitte um klare Zeichen und Impulse.

Laß dir Zeit.
Verweile in dieser Energie.

Kommen Gedanken des Alltags, dann konzentriere dich wieder
auf deine Atmung, denn dein Atem ist dein Anker.

Wenn du das Gefühl hast, dass es Zeit ist, die Meditation zu beenden dann bedanke dich bei deinen Geistigen Helfern, nimm einen tiefen Atemzug und öffne langsam deine Augen.

Meditation zum Thema „Wünschen"
Mache es dir gemütlich und setze dich bequem hin.
Sorge dafür, dass du ungestört bist.
Schalte wenn möglich Telefon, Klingel, etc. aus.

Konzentriere dich auf deine Atmung. Nimm wahr, wie du ein- und ausatmest. Mit jedem Atemzug entspannt sich dein Körper mehr und mehr.

Atme in deinem Tempo tief Ein und Aus. Ein und Aus.

Denke nun an einen Wunsch von dir, den du tief in deinem Herzen trägst.

Atme dabei Ein und Aus und konzentrier dich auf deine Atmung.

Sprich deinen Wunsch laut aus und visualisiere diesen.

Spüre in dich hinein, wie es sich anfühlt. Gib dich dem Prozess vertrauensvoll hin.
Falls du nichts spürst, mach dir keine Gedanken, denn du bist dennoch von der Energie umgeben.

(Kommen Gedanken des Alltags, welche nichts mit der Übung zu tun haben, lasse diese einfach weiterziehen und konzentriere dich wieder auf deine Atmung.)
Visualisiere mit deinen Gedanken diese kraftvolle Energie. Sie strömt in deinen Körper hinein, bis in jede einzelne Zelle.

Verweile in dieser schönen Energie und mache dir bewusst, dass deine Wünsche, Träume und Visionen zu dir kommen dürfen.

Bleibe dabei entspannt. Du kannst so lange in dieser Energie bleiben, wie es für dich stimmig ist. Wenn es sich für dich richtig anfühlt, bedanke dich und beende die Meditation.

Freude für den Gaumen

Rauhnachtslikör

Rezept

Zutaten

- Je nach Belieben 1Flasche Doppelkorn oder 1Flasche Vodka
- 2-3 gute Hände voll Holunderblüten, vorzugsweise selbst gesammelte
- ½ Zimtstange
- 1 kleines Stück Vanille von der Schote
- 2-3 Äpfel
- Ca. 200g Kandiszucker, je nach Belieben etwas mehr oder weniger.

Zubereitung

Zuerst die Holunderblüten waschen und gut abtropfen lassen.
Zimtstange in kleine Stücke schneiden
Äpfel waschen, eventuell schälen und in kleine Stücke schneiden.
Man gebe alle Zutaten in ein großes Schraubglas
Zum Schluss übergießt man diese mit Doppelkorn oder Vodka, sodass alles gut mit Alkohol bedeckt ist.

Alle 2-3 Tage drehen und leicht schütteln.

Sobald sich der Zucker aufgelöst hat, in Flaschen abfüllen und genießen.

Der Likör kann auch erwärmt und/oder mit einem Bällchen Vanilleeis getoppt werden. :-)

Rauhachtssüppchen

Rezept
Für vier Personen

Zutaten
- 1Hokkaido Kürbis entkernt und in Stücke geschnitten
- ¼ Sellerieknolle in Stücke geschnitten
- 5 Kartoffeln gekocht, wahlweise geschält
- 5 Karotten, wahlweise geschält
- 1 Apfel entkernt und geschält in Stücke geschnitten
- 1 Petersilienwurzel geschält
- 1 Stückchen Heideingwer
- 1 Stückchen Heidekurkuma
- Petersilie nach Belieben, gerne komplett mit Stengel
- 1 Becher Crème Fraîche
- Etwas Kreuzkümmel
- Etwas Salz, Pfeffer und Gemüsebrühe (vorzugsweise selbst gemachte)

Alles zusammen in einen Hochleistungsmixer und cremig pürieren.
In einen Topf geben, kurz aufkochen lassen und abschmecken.

Hat man keinen Hochleistungsmixer, dann gebe alle Zutaten, klein geschnitten (hier kann man auch rohe Kartoffeln verwenden) in einen Topf und lasse diese so lange köcheln, bis alles weich-bissfest sind.

Danach mit einem Pürierstab pürieren, abschmecken und genießen.

Guten Appetit

Alles Gute für das neue Jahr

Liebe Leser und Leserinnen,
ich freue mich sehr, dass ich euch in dieser magischen Zeit ein Stück begleiten darf. Lieben Dank dafür.

Ich wünsche euch viel Freude mit dem Büchlein und ein zauberhaftes neues Jahr,

Natascha Wagner

Über die Autorin
Natascha Wagner lebt in Schwarzach, im kleinen Odenwald.
Sie arbeitet als kreative Frischeköchin, ganzheitliche Ernährungsberaterin und Kräuterfrau im familieneigenen Betrieb,
dem Landhaus Remise in Schwarzach.

Neben ihrem Beruf in der Gastronomie lebt Sie ihre zweite Berufung und ist als Medium, Entspannungstrainerin, Kunst- und
Kreativcoach in eigener Praxis tätig.

Sie gibt Einzelsitzungen, Kurse und Seminare rund um die
Themen, Ernährung, Pflanzen- und Kräuterkunde, Spiritualität,
Medialität und Entspannung.

www.wagner-natascha.de